Prefácio

Decidi escrever um livro por pura inquietação. Desde a infância, era apaixonada pela leitura.

Já na metade da graduação, em Comunicação Social, comecei a trabalhar como redatora.

Após pouco mais dois anos recebendo para redigir textos e eBooks para os outros, quis produzir algo autoral.

Espero que gostem do resultado.

A escrita: uma paixão antiga

Desde pequena, sou apaixonada pela escrita. Vivia no interior, em uma pequena cidadezinha chamada Alto Paraíso de Goiás, na Chapada dos Veadeiros, onde morei até os dez anos de idade.

Aprendi a ler e escrever antes dos cinco anos de idade. Na escola, costumava terminar as atividades antes dos meus colegas, o que me rendia muitas broncas. Eu, que não era boba, usava o tempo restante para a execução das tarefas para conversar sobre os mais diversos assuntos. As professoras não gostavam nada, pois os outros alunos acabavam demorando mais por estarem conversando.

Na época, tinha poucos livros em casa e a maioria eram histórias de ficção. Eu, como qualquer criança, amava as princesas e animais falantes. Sonhava acordada com tramas mirabolantes que jamais aconteceriam na vida real.

Certo dia, descobri que havia uma biblioteca pública na cidade. Não era nada parecida com as que eu via nos filmes, mas logo de cara fiquei maravilhada. Sempre que eu insistia, meu pai me levava até lá e eu ficava o dia todo sozinha com a bibliotecária, lendo qualquer livro que me interessasse. Não me importava se eu não entendesse muito bem o que estava escrito ali. O prazer estava em conhecer novas palavras, novos assuntos, mesmo que eu não os compreendesse bem.

Lembro-me quando um ambulante bateu à nossa porta vendendo enciclopédias. Eu, que já era apaixonada pelos livros, não deixei a oportunidade passar. Convenci meus pais a comprarem a tal enciclopédia e, de fato, usei-a bastante. Ainda não tínhamos computador em casa e eram os livros a minha fonte de pesquisa para trabalhos escolares. E, embora hoje a enciclopédia esteja intocada em uma estante na casa dos meus pais, eu li e reli suas páginas dezenas de vezes. Química, física, espanhol, inglês… Nunca havia estudado nada daquilo, mas me encantava.

Todos os domingos, recebíamos o jornal local em casa, o O Popular. Vinha de ônibus, diretamente da capital, e eu esperava ansiosamente pelo fim do dia. Não demorou muito para que eu me inscrevesse como

Repórter Mirim do Almanaque. O processo foi bem demorado e eu precisava enviar os textos por carta, de forma que nem me recordo quantas foram, mas para o orgulho dos meus pais a grande maioria deles foi publicada.

Já mais velha, em Goiânia, sempre tive facilidade em redação, português e literatura. Durante a minha adolescência, meu passatempo favorito era ler e, como qualquer bom leitor, não conseguia passar na porta de uma livraria sem dar uma olhada na vitrine e, sempre que possível, comprar um novo exemplar. Tirava notas boas mesmo sem estudar e, quando estudava, era por pura vontade de saber mais sobre os assuntos que me interessavam.

Aos dezesseis anos, enfrentei a decisão de escolher qual curso fazer. Estava em dúvida entre Artes Visuais e

História. Mas fui conquistada pela Comunicação Social. Já na universidade, descobri minha verdadeira vocação. No segundo ano do curso, comecei a trabalhar como redatora e nunca mais abandonei as palavras.

Escrever um livro sempre foi um sonho, mas nunca imaginei que eu realmente conseguiria realizá-lo. Este é apenas o primeiro.

Um país sem educação

Lembro-me como se fosse ontem quando, no ano de 2015, fui aprovada em primeiro lugar no vestibular para o curso de História do Instituto Federal de Goiás, para ingressar já no segundo semestre. Na época, ainda cursava o último ano do ensino médio, razão pela qual não pude me matricular.

A colocação me surpreendeu, principalmente quando descobri ter tirado 100 na redação. Sempre fui muito rígida e, depois da prova, reli o texto várias e várias vezes e, é claro, lamentei pelas alterações que poderia ter feito.

O tema era a redução da maioridade penal. Escrevi sem dificuldades. Discuti o quão irônico é punir o jovem brasileiro quando não garantimos a proteção e a educação de todas as nossas crianças.

Em 2016, fui aprovada mais uma vez em uma instituição pública, a Universidade Federal de Goiás, mas para cursar Comunicação Social.

Nas salas de aula, a indignação era clara, assim como o medo. Desamparados pelo governo, que não pensa duas vezes antes de cortar gastos com a educação, os alunos lidam com a incerteza, sem saber se conseguirão ou não concluir seus estudos. Muitos perderam suas bolsas com a situação orçamentária.

Eu me pergunto: onde estão aqueles que bateram panelas agora? O que fazem pela educação?

Como podemos esperar melhoras quando não incentivamos o ensino e o aprendizado?

Se queremos mudanças, devemos questionar o status que, assim como o que levou a ele, antes de agir.

E as mulheres?

Apesar de estarmos no século XXI e as mulheres participarem cada vez mais da vida pública, é comum lidarmos com o machismo como se ele já fizesse parte de nosso cotidiano.

Em alguns casos, principalmente por não termos liberdade de expressão, deixamos de agir quando passamos por abusos machistas e apenas ignoramos a situação, como se nada houvesse acontecido. Entretanto, não podemos ficar parados.

Desde pequena, percebia que não era tratada como igual. Fui criada com meu irmão mais novo, mas nem sempre podíamos brincar juntos.

Em algumas vezes, lembro-me de pensar que gostaria de ter nascido homem.

Afinal, seria tudo mais fácil, não é mesmo?

Cresci, ingressei na universidade e no mercado de trabalho. Mas logo percebi que o mundo não mudou tanto com o passar dos anos.

Muitas vezes, fui assediada enquanto andava até o ponto de ônibus para estudar. Já nos meus empregos, vivi na pele a discriminação.

Não foi apenas uma vez que meu trabalho foi desqualificado, algo que nunca acontecia com os colegas homens. Se o tema do texto abordasse questões de gênero, as críticas eram ainda piores.

Não podemos deixar de reconhecer que os avanços do feminismo contribuíram para que a mulher chegasse onde chegou, mas agora que as mulheres já ocupam outros espaços é nossa obrigação garantir que estejamos de fato sendo reconhecidas pelo que fazemos ou se os homens permanecem sendo favorecidos injustamente, como acontece na grande maioria dos casos.

Por isso, pergunto: e as mulheres?

Vivendo com menos curtidas e mais produtividade

Recentemente, fiz um curso sobre gestão do tempo e produtividade. Pouco depois, voltei a ler um livro há meses abandonado que trata exatamente sobre uma vida digital saudável.

Desde então, todos os dias luto contra mim mesma quando percebo que estou passando tempo demais usando redes sociais. Não posso dizer que é fácil não ficar conectada, pois uso a internet para trabalhar e estudar, mas não gosto da ideia de usar eletrônicas em todas as atividades do meu dia a dia.

Hoje não foi diferente. Enquanto invisto meu tempo no ócio, amparada pela facilidade de um celular, não consigo deixar de pensar que poderia estar fazendo qualquer outra coisa mais produtiva.

Mas o que seria a produtividade? E, se é tão boa assim, por que preferimos a procrastinação?

Quando navegamos na internet, temos o mundo inteiro disponível em nossas mãos. Trabalho, estudo, conversas com pessoas queridas. O entretenimento, entretanto, costuma ser prioridade quando não tentamos alcançar nenhuma meta.

Claro, são profissionais e estão utilizando as plataformas digitais para divulgar conteúdo relevante. E merecem receber a devida atenção. Mas isso não quer dizer que essas pessoas e seu público devam conectar-se só para acompanhar publicações que muitas vezes mostram uma falsa realidade e não agregam nada em nossas vidas.

As possibilidades são diversas. Por isso, sempre que me vejo engajada demais em materiais cujos únicos fins são a diversão, não deixo de me incomodar ao lembrar da quantidade de atividades que eu poderia estar realizando ou aprendendo com apenas um clique.

Não, não há nenhum problema em passar um tempinho curtindo fotos e interagindo em grupos. Todos precisamos de momentos de descanso e não devemos abrir mão deles. Mas caso você dedique tempo demais a isso ou esteja deixando prioridades de lado somente para manter sua identidade

digital ativa, talvez seja o momento
de começar a se preocupar

Sustentabilidade em tempos de devastação ambiental

Às vezes, penso que parece loucura falar em sustentabilidade nos dias de hoje. Quando vejo as notícias, tenho a certeza de que perdi a fé na humanidade, se é que algum dia a tive.

Isso porque, com tanto descaso por parte do próprio governo brasileiro, usar produtos veganos e reduzir a produção de lixo em casa não aparenta fazer tanta diferença em grande escala.

Particularmente, acredito que as pequenas ações têm sim grande impacto. A região em que cresci, a Chapada dos

Veadeiros, é famosa no mundo todo pela natureza exuberante e desde a minha infância sempre tive contato muito próximo com a terra.

Mas eu não acredito em milagres.

E, sinceramente, não consigo enxergar um futuro positivo para a nossa nação. Abandonamos nossos índios. Abandonamos a Amazônia. Abandonamos nosso país.

Queimadas, desmatamento, destruição… E os nossos governantes? O que estão fazendo para reverter a situação atual e evitar que tais acontecimentos se repitam?

Rapidamente, o Brasil da ordem e do progresso caminha em direção ao regresso ambiental. Infelizmente, acredito que é um destino sem volta. E não podemos esperar até que seja tarde demais.

E você, o que está fazendo para ajudar o nosso planeta?

O grande segredo do empreendedorismo

Eis que me deparo com uma notícia que, logo no título, garante que é o controle das emoções que determina o sucesso no empreendedorismo.

Devo dizer que não concordo totalmente com a afirmação. Claro, saber controlar nossas emoções é essencial em todos os âmbitos da nossa vida. Inclusive em outras carreiras. Mas isso não significa que você não vai precisar de mais nada para alcançar o almejado sucesso.

É certo que ficamos mais dispostos para solucionar adversidades e agimos com mais clareza quando temos um bom controle emocional, mas também é necessário desenvolver inúmeras outras habilidades para enfim tornar-se uma pessoa bem sucedida.

Os profissionais que empreendem entendem bem o que eu estou falando. É possível que, em determinado mês, nenhum cliente contrate seus serviços, enquanto no próximo você pode ganhar mais do que esperava.

E qual o grande segredo do empreendedorismo? Eu diria que não há nenhum.

Já trabalhei em diversas empresas que se posicionavam como disruptivas nas mídias sociais e, na verdade, eram pra lá de tradicionais. Como resultado, a rotatividade de funcionários era enorme, pois os colaboradores logo percebiam que seus valores não eram os mesmos da empresa.

Ainda assim, os chefes dos mesmos empreendimentos ministram palestras e mentorias caríssimas "ensinando" outras pessoas a conduzirem seus próprios negócios quando sequer conseguem fazê-lo.

Como empreendedores, devemos persistir e, caso dê tudo errado, tentar novamente.

Na minha opinião, não existe uma fórmula a ser seguida: você precisa descobrir por si só o que funciona para você e, então, fazer dar certo.

A verdade já não importa mais

Lembro-me do dia 28 de outubro como se fosse ontem. Enquanto andava até a escola onde iria votar, vi alguns adesivos do meu candidato na parede. Logo, peguei um e colei em meu vestido, acima do peito. Não havia votado nele no primeiro turno, mas não importava. Sabia que a outra opção era pior.

Votei, mas já sabia o resultado. Todos já sabíamos. E, por muito tempo, negamos a verdade. Até que fomos obrigados a aceitá-la. Na internet, via minhas conexões postando fotos com livros. Mas sabemos que a realidade do país é outra.

Seja nas notícias ou em redes sociais, deparar-se com os vexames políticos é inevitável e mentiras. Na verdade, basta abrir o Twitter para descobrir o que está acontecendo no país e ler em primeira mão as opiniões de nossos governantes, que postam declarações oficiais em seus perfis.

O grande problema é que, muitas vezes, sofremos com a propagação da desinformação. Todos os dias, centenas de pessoas compartilham notícias falsas sem checar a veracidade dos fatos antes de fazer uma publicação.

Eu mesma já recebi, diversas vezes, notícias falsas sobre assuntos importantíssimos. Tenho consciência do meu privilégio por saber a importância de checar a informação antes de compartilhar algo, mas a realidade no Brasil é outra.

Cabe aos profissionais de comunicação, formados na área, desenvolver estratégias para que a verdade alcance mais pessoas do que a mentira.

Ou a verdade já não importa mais?

O que mudou na comunicação?

A comunicação não é mais a mesma se compararmos nossas vidas atuais com nosso passado. As transformações e evoluções tecnológicas contribuíram com grandes mudanças sociais.

Para mim, a principal delas foi na maneira como nos comunicamos uns com os outros. E não digo isso apenas por trabalhar com a área, mas pela minha própria vivência pessoal.

Enquanto escrevia este livro, enviei algumas mensagens para o meu marido. Conversei também com meu pai, minha mãe e meu irmão, usando o WhatsApp. Sem a ajuda das redes sociais, nossas interações não seriam possíveis em grande parte das vezes. Isso porque cada um tem seus compromissos.

Mas não podemos negar que existam desvantagens. Realmente não temos tempo para nos encontrar com aqueles que gostamos e conversar? Precisamos substituir nossos encontros reais por relações virtuais? Ou estamos priorizando outras atividades?

Houve um tempo em que não tínhamos muitas opções. Hoje, com a abundância delas, é cada vez mais difícil fazer a escolha correta para nós mesmos.

Eu, profissional da área, sinto falta da comunicação cara a cara. Gosto de sair, conversar e beber boa uma cerveja. Não dispenso, claro, meu celular, mas prefiro usá-lo para resolver problemas, conversar com clientes ou me comunicar com minha família e amigos.

No mais, convido-os a refletir. Como você anda se comunicando com as pessoas ao seu redor?

A tecnologia também é amiga

Ainda hoje, a tecnologia é vista com enorme negatividade. Talvez você tenha pensado isso ao ler meu último texto.

Constantemente, somos repreendidos por estarmos no celular e nos desconectarmos do mundo à nossa volta. Comigo, pelo menos, acontece bastante.

Justamente pela minha formação, critico o uso desenfreado do que chamamos de inovações tecnológicas. Mas não posso e nem quero negar os inúmeros benefícios que podemos ter em nossas vidas.

Eu, por exemplo, faço praticamente tudo pelo meu celular. E, quando não o faço, reclamo da falta de praticidade.

Infelizmente, nem sempre usamos a tecnologia a nosso favor. Sim, estou falando de crescimento e desenvolvimento pessoal.

Muitas vezes, seja lá qual for a nossa idade, tendemos a passar bastante tempo nos divertindo na internet, mas deixamos de fazer outras atividades que poderiam ser ainda mais enriquecedoras.

E eu não estou falando sobre sair de casa: você pode encontrar acervos de museus do mundo todo pela internet. Também pode aprender novas línguas, conhecer pessoas, procurar um emprego, começar um novo curso… Enfim, as possibilidades são inúmeras, mas nem sempre são exploradas.

Diariamente, eu me desafio a fazer alguma coisa que considero produtiva. Se não posso ler um livro, escuto um podcast ou vejo uma aula no YouTube. Não tenho tempo para um curso presencial? Aproveito as opções online. Sobrou um tempinho livre? Por que não adiantar meus estudos ou finalizar logo aquele freela?

É claro que eu também escuto música, assisto a filmes, acompanho séries e dou uma olhada nas redes sociais de vez em quando. O que eu evito é fazer apenas isso.

E você? Quais hábitos anda mantendo?

Trabalho em uma era de disrupção

É comum que muitas novas empresas apresentem-se como disruptivas, inovadoras. Mas será que o trabalho realmente é tão diferente do que era há alguns anos atrás?

Não é raro encontrarmos empreendedores que passam mais tempo publicando vídeos e fotos no Instagram do que dentro da própria empresa. Na internet, o trabalho parece incrível. Na vida real, nem tanto, principalmente para quem lida diretamente com esses profissionais.

A grande maioria dos prestadores de serviço provavelmente já se encontrou em uma função como "PJ" quando trabalham como um funcionário comum e são obrigados a bater ponto na empresa, cumprir horas extras não remuneradas e usar equipamentos pessoais para trabalhar.

Ao contrário das principais empresas já renomadas no mercado, as quais garantem boas condições para seus funcionários, a nova tendência é pagar pouco, exigir demais do colaborador e não dar reconhecimento. Tudo isso, é claro, sem nenhum plano de carreira.

Não surpreende que a rotatividade seja alta, mas sim que muitos ainda culpem a nova geração. Constantemente, ouvimos que os millennials são imprevisíveis.

Eu, por outro lado, não acredito que a culpa seja inteiramente dos mais jovens, embora muitas vezes sejamos irresponsáveis em algumas situações.

Digo isso porque sei que muitos gestores ainda não conseguem adaptar-se às mudanças.

E é justamente por isso que os funcionários preferem candidatar-se a outras vagas ou, até mesmo, abrir seu CNPJ e conduzir um negócio próprio sozinhos, como MEI.

Qual vida escolher? A que mais te faz bem e menos prejudica sua saúde mental!

A autora

Amanda matriculou-se no curso de Comunicação Social bem cedo, aos dezesseis anos, e logo apaixonou-se pela carreira publicitária.

Não pensou duas vezes antes de começar uma segunda graduação, ainda em seu terceiro ano de faculdade, e foi conquistada pelo curso de Business Administration.

Inquieta, divide seu tempo entre a escrita, trabalhos como autônoma e os estudos.

Além da leitura e da redação, é amante da economia criativa e, sempre que possível, arrisca-se nas áreas de produção audiovisual, moda e sustentabilidade.

É co-criadora do documentário Made in Goyaz.

www.ingramcontent.com/pod-product-compliance
Lightning Source LLC
Chambersburg PA
CBHW051136250726
48655CB00007B/3094